W0351345

Y
1958

Manfred Mai

DIE FEUERWEHR

Zeichnungen von Dagmar Geisler

Loewe

Dieses Buch ist auf chlorfrei gebleichtem Papier gedruckt.

ISBN 3-7855-2576-1 – 2. Auflage 1995
© 1993 by Loewes Verlag, Bindlach
Umschlagillustration: Dagmar Geisler
Umschlagkonzeption: Karin Roder
Satz: Fotosatz Leingärtner, Nabburg
Gesamtherstellung: L.E.G.O. S.P.A., Vicenza
Printed in Italy

Inhalt

Warum soll ich mir die Nummer 112 merken?

In Klasse 2 a steht Sachkunde auf dem Stundenplan.

„Heute wollen wir uns mal ein wenig über die Feuerwehr unterhalten“, sagt Herr Huber. „Was wißt ihr denn schon über die Feuerwehr?“

Sofort gehen die Hände hoch.

„Die Feuerwehr kommt, wenn's brennt.“

„Und bei Unfällen.“

„Feuerwehrmänner fangen auch Bienen- und Wespenschwärme wieder ein.“

„Und entlaufene Tiere.“

„Sie müssen oft üben, damit sie alles können.“

„Es gibt richtige Feuerwehrmänner und andere, die das nur als Hobby machen.“

„Die Feuerwehr kommt immer, wenn man sie braucht. Auch bei Nacht.“

Die meisten Kinder machen mit. Nur Björn und Birol tuscheln die ganze Zeit. Herr Huber ermahnt die beiden, aber sie passen trotzdem nicht lange auf.

„In großen Städten gibt es Berufsfeuerwehren", erklärt Herr Huber. „Dort sind die Feuerwehrleute Tag und Nacht einsatzbereit im Feuerwehrhaus, das man Feuerwache nennt. Nach 24 Stunden Dienst werden sie von anderen Feuerwehrleuten abgelöst und dürfen für 24 Stunden nach Hause. In kleineren Städten und Gemeinden gibt es freiwillige Feuerwehren. Das sind zwar auch richtige Feuerwehrleute, aber sie haben alle einen anderen Beruf. Die kommen nur zum Feuerwehrhaus, wenn sie üben oder alarmiert werden." Er schaut Björn und Birol an. „Ihr könnt mir bestimmt sagen, wie man die Feuerwehr ruft."

Die beiden erschrecken, weil sie nicht zugehört haben. Herr Huber schüttelt den Kopf. „Euch kann man nur wünschen, daß ihr die Feuerwehr nie braucht."

Nicole weiß gut Bescheid, weil ihr Vater bei der freiwilligen Feuerwehr ist. „Man muß beim Telefon die Nummer 112 wählen, dann ist man sofort mit der Feuerwehr verbunden. Es gibt auch Feuermelder. Da muß man die Scheibe

einschlagen, auf den Knopf drücken und warten, bis die Feuerwehr kommt."

Björn und Birol spielen mit einem Papierkügelchen. Die Feuerwehr interessiert sie nicht. Und beide sind froh, als die Stunde zu Ende ist und sie nach Hause dürfen.

Am Nachmittag kommt Achim zu Björn. Sie spielen Verstecken. Björns kleiner Bruder Daniel entdeckt in der Garage den alten Kühlschrank, der auf den Müll soll. Sofort setzt er sich hinein und zieht die Tür zu.

Björn muß suchen und findet Achim ziemlich schnell. Aber seinen Bruder findet er nicht.

„Wo kann der nur sein?" fragt er sich, nachdem

er alle guten Verstecke abgesucht hat. Plötzlich hört er in der Garage ein Klopfen. Es kommt aus dem Kühlschrank. Björn will die Tür öffnen, aber sie klemmt. „Achim, hilf mir!“

Doch auch zu zweit schaffen sie es nicht. Die Tür sitzt fest.

„Hilfe! Daniel erstickt!“ ruft Björn und fängt an zu heulen. „Warum ist nur Mama nicht da?“

Er läuft auf die Straße und ruft laut um Hilfe. Aber niemand ist zu sehen. Er rennt wieder zurück, zieht noch einmal mit aller Kraft an der Kühlschranktür. Nichts zu machen.

„Tu doch was!“ schreit Björn seinen Freund an.

„Die Feuerwehr!“ sagt Achim. „Wir müssen die Feuerwehr rufen.“

Björn spürt einen heißen Stich. Die Feuerwehr rufen! Aber wie? Achim läuft schon zum Telefon. Björn hinterher. Achim wählt die Nummer 112 und sagt, wo sie sind und was passiert ist.

Dann laufen sie zurück in die Garage und lauschen am Kühlschrank. Es ist nichts zu hören. Björn klopft mit der Faust dagegen und drückt das Ohr an die Tür – nichts.

„Daniel!“ schreit er.

Achim hört ein Martinshorn, läuft hinaus auf die Straße und winkt. Das Feuerwehrauto hält genau vor ihm. Die Männer reißen die Türen auf und springen heraus.

„Schnell!“ ruft Achim und läuft voraus.

Der Gruppenführer hebt den verheulten Björn zur Seite und versucht, die Kühlschranktür zu öffnen. Auch er schafft es nicht.

„Stemmeisen!“ sagt er.

Zwei Männer kommen mit Stemmeisen und brechen die Tür auf. Daniel liegt bewußtlos im Kühlschrank. Der Gruppenführer holt ihn heraus, legt ihn auf den Boden, prüft die Atmung und den Puls.

„Er lebt“, stellt er erleichtert fest.

Im selben Augenblick trifft der Notarztwagen ein. Daniel wird mit Sauerstoff beatmet, und bald geht es ihm wieder besser.

„Zwei, drei Minuten später, und der Junge wäre nicht mehr zu retten gewesen“, sagt der Arzt.

Wieder spürt Björn einen heißen Stich. Er darf gar nicht daran denken, was ohne Achim passiert wäre.

Warum piepst es bei Philipps Papa?

Heute ist Sonntag. Rico und seine Eltern besuchen die Brückners. Nach Kaffee und Kuchen spielen Rico, Herr Brückner, Verena und Philipp Mensch-ärgere-dich-nicht.

Mitten im schönsten Spiel piepst es bei Herrn Brückner. Sofort springt er auf. „Tut mir leid, ich muß weg“, sagt er und läuft hinaus.

Rico schaut ihm verdutzt hinterher. „Warum läuft euer Papa denn einfach weg?“ fragt er Verena und Philipp.

„Weil Alarm ausgelöst wurde“, antwortet Verena.

„Was für ein Alarm?“ möchte Rico wissen.

„Weiß ich doch nicht“, brummt Verena. „Alarm eben.“

„Mein Papa ist nämlich bei der Feuerwehr“,

erklärt Philipp. „Und wenn es bei ihm piepst, dann muß er sofort los."

„Bei dir piept's wohl auch", sagt Rico.

„Gar nicht", wehrt sich Philipp. „Ich hab' ja keinen Piepser."

Rico glaubt, Philipp wolle ihn auf den Arm nehmen. Aber bevor die beiden zu streiten anfangen, mischt sich Frau Brückner ein. „Du hast doch den Piepston vorhin gehört. Der

kommt aus einem Empfänger, den mein Mann immer bei sich trägt."

„Warum?" fragt Rico.

„Damit er jederzeit alarmiert werden kann", antwortet Frau Brückner. „Alle Männer bei der freiwilligen Feuerwehr haben so einen Sender, den wir Piepser nennen. Und wenn der Piepser piepst, müssen die Männer sofort zum Feuerwehrhaus fahren, egal, was sie gerade tun."

„Mitten im schönsten Spiel", meckert Rico. „Das ist ja doof."

„Doof oder nicht", sagt Frau Brückner, „darauf nimmt der Piepser keine Rücksicht."

„Dann würde ich nie zur Feuerwehr gehen", sagt Rico.

„Wenn alle so denken würden, wer würde dann die Brände löschen und bei Unfällen helfen?" fragt Frau Brückner.

„Hm", macht Rico nur.

„Natürlich ist es manchmal störend oder lästig, wenn der Piepser piepst", sagt Frau Brückner. „Aber in Notfällen muß eben schnell geholfen werden. Und dazu braucht man die Feuerwehr."

„Ich geh' auch zur Feuerwehr, wenn ich groß bin", sagt Philipp.

„Hast du schon mal in einem Feuerwehrauto gesessen?" fragt Rico.

„Schon oft“, sagt Philipp stolz. „Papa hat mich sogar schon lenken lassen.“

„Wirklich?“ Man sieht Rico an, daß er das auch gerne einmal möchte.

„Nimm Rico doch mal mit, wenn Papa den Tanklöschwagen wäscht“, sagt Frau Brückner.

Philipp nickt. „Dann kann ich ihm alles zeigen.“

Philipps Mama schmunzelt und sagt zu Rico: „Und wenn du gerne mit einem Feuerwehrauto fahren möchtest, brauchst du später nur Feuerwehrmann zu werden.“

„Dann sind wir schon zwei“, sagt Philipp.

Warum ist die Feuerwehr so schnell?

In der Feuerwache 1 ist Mittagspause. Die meisten Männer liegen auf ihren Betten und ruhen sich aus. Sie haben schon zwei Einsätze hinter sich.

Um 8.35 Uhr wurden sie in ein Wohnhaus gerufen, weil ein Wasserleitungsrohr geplatzt war und der Keller unter Wasser stand. Die Feuerwehrmänner mußten mit Saugpumpen das Wasser aus dem Keller pumpen.

Kaum waren sie wieder in der Feuerwache, ertönte die Alarmglocke zum zweiten Mal.

Ein Laster mit Heizöl war umgekippt. Öl lief aus dem Tank. Die Feuerwehrmänner verstopften zuerst das Loch im Tank. Dann streuten sie Bindemittel über das ausgelaufene Öl und verhinderten so, daß es ins Grundwasser geriet.

Zum Schluß wurde der Laster mit dem Kranwagen wieder auf die Räder gestellt.

Jetzt ist es 12.48 Uhr. In der Einsatzzentrale läutet das Telefon. Ein Brand in einer Textilfabrik wird gemeldet. Der Mann in der Einsatzzentrale entscheidet sofort, daß in diesem Fall zwei Löschzüge gebraucht werden, und löst Alarm aus.

Die Männer springen von den Betten in die bereitstehenden Stiefel und ziehen sich im Rennen ihre Jacken über. Dann klammern sie sich an die Rutschstangen und rutschen vom Aufenthaltsraum in die Fahrzeughalle hinunter. Unten schnappt jeder seinen Helm, den Leder-

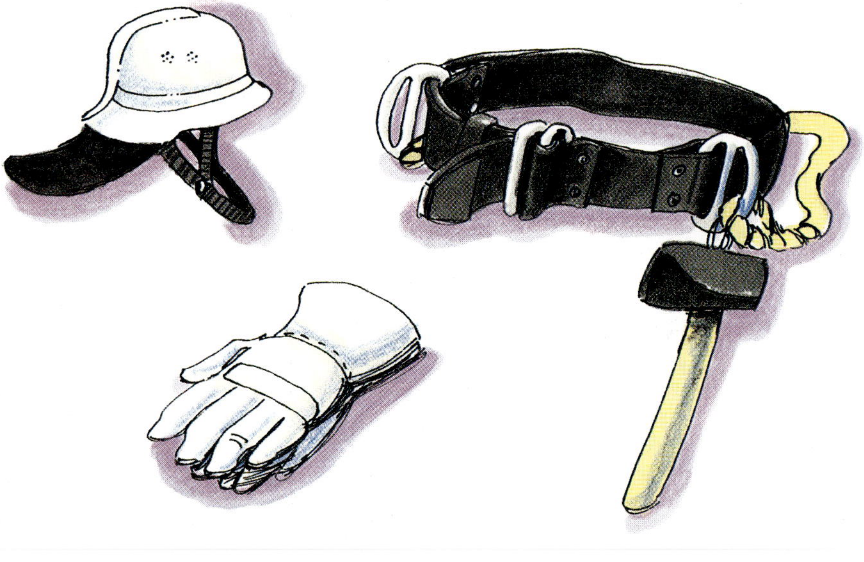

gurt mit Feuerwehrbeil und Sicherungsseil und die Schutzhandschuhe. Im Laufen und im Auto ziehen sie sich fertig an. Die Türen der Fahrzeughallen fliegen auf. Mit Blaulicht und Martinshorn fahren die Wagen der beiden Löschzüge los. Der Brandmeister fährt im PKW voraus. Er hat über Funk ständig Kontakt mit der Einsatzzentrale. Von dort wird ihm auch der kürzeste Weg zum Brandort genannt. „Anfahrt über die Ringstraße ins Industriegebiet West. Dort die Färberstraße bis zum Ende durchfahren."

Schon während der Fahrt setzen einige Feuerwehrmänner Atemschutzmasken auf und hängen die Preßluftatmer auf den Rücken. Sie bilden die Angriffstrupps und werden das Feuer von innen bekämpfen.

Die Fahrzeuge kommen gut voran. Die meisten Autos fahren an den Straßenrand und lassen die Feuerwehrkolonne vorbei. Mit Blaulicht und Martinshorn hat die Feuerwehr auch Vorfahrt, wenn eine Ampel Rot zeigt. Nur so ist es möglich, daß die beiden Löschzüge schon drei Minuten und zehn Sekunden nach dem Alarm am Brandort eintreffen.

Der Brandmeister ist ein erfahrener Feuerwehrmann. Er sieht sofort, was zu tun ist, und gibt seine Anweisungen. Schläuche werden

ausgerollt und zusammengekoppelt. Die Pumpen des Löschfahrzeugs werden mit dem Hydranten (Wasseranschluß) verbunden. Dann werden die Schläuche für das Löschwasser am Löschfahrzeug angeschlossen. Die Drehleiter mit Korb wird ausgefahren. Zwei Männer stehen mit einem Schlauch im Korb. Ein anderer klettert auf den Tanklöschwagen und macht die Spritze bereit. Der Brandmeister sagt, wohin zuerst gespritzt werden muß, und ruft: „Wasser marsch!“

Das Wasser schießt mit solchem Druck durch

die Schläuche, daß zwei Feuerwehrmänner das „Spritzenrohr“ gut festhalten müssen. Gleichzeitig kämpfen sich die Angriffstrupps durch den Rauch in die Fabrik.

Eine Frau kommt zum Brandmeister gelaufen. „Im zweiten Stock sind noch Leute!“

„Sprungtuch!“ ruft der Brandmeister.

Sofort holen zwei Männer das Sprungtuch aus dem Fahrzeug. Zusammen mit mehreren anderen Männern halten sie es gut fest. Durch einen Sprung in das große Tuch können sich sechs Frauen retten.

Inzwischen haben sich die Angriffstrupps bis zum Brandherd vorgearbeitet und spritzen in die Flammen.

Nach sechzehn Minuten ist das Feuer gelöscht. Der Brandmeister meldet an die Einsatzzentrale: „Das Feuer ist unter Kontrolle. Es gibt keine Verletzten.“

Die Männer packen alles wieder zusammen und machen die Fahrzeuge für die Rückfahrt in die Feuerwache bereit.

Zwei Feuerwehrleute bleiben als Brandwache zurück. Sie überwachen die Feuerstelle noch eine Zeitlang, denn das Feuer könnte ja wieder aufflammen.

Auf der Feuerwache geht die Arbeit gleich

weiter. Die nassen Schläuche kommen in die Schlauchwäscherei und werden anschließend zum Trocknen in den Schlauchturm gehängt. Aus dem Lager müssen saubere Schläuche geholt werden. Alle Geräte werden gereinigt und überprüft, damit sie beim nächsten Einsatz wieder funktionieren. Denn der nächste Einsatz kommt bestimmt. Das wissen die Männer der Feuerwache 1 genau.

Warum ist falscher Alarm besser als keiner?

Basti, Anne und Lukas sind seit zwei Stunden auf dem Spielplatz. „Es ist ja schon halb sechs“, sagt Lukas. „Ich muß schnell nach Hause.“

Auf dem Heimweg bleibt Anne plötzlich stehen. „Seht mal, dort kommt Rauch aus dem Fenster.“

„Wo?“ fragt Basti.

Anne zeigt zu dem Fenster hinauf.

„Wir müssen die Feuerwehr holen“, sagt Basti sofort.

„Warum?“ fragt Lukas. „Es brennt doch gar nicht.“

„Siehst du nicht, wie es raucht?“ fragt Basti.

„Wahrscheinlich brennt nur das Essen an“, meint Lukas. „Wie neulich bei uns, als mein Papa gekocht hat. Da hat es auch so geraucht.“

„Ich weiß nicht“, murmelt Anne. „Ich glaube

nicht, daß der Rauch vom Kochen kommt. Sollen wir nicht doch die Feuerwehr rufen?"

„Wenn wir die Feuerwehr rufen, und es brennt gar nicht, werden wir ausgeschimpft oder sogar bestraft", meint Lukas.

„Meinst du?" fragt Anne.

Lukas nickt. „Bestimmt."

„Und wenn wir noch lange hier herumstehen

und überlegen, ist es vielleicht schon zu spät“, meint Basti.

„Wir können ja an der Haustür läuten und sagen, daß es raucht“, schlägt Anne vor.

Das ist eine gute Idee. Sie laufen zu der Haustür und läuten. Aber niemand öffnet.

„Glaubst du jetzt, daß der Rauch nicht vom Kochen kommt?“ sagt Basti vorwurfsvoll.

„Was . . . was machen wir denn jetzt?“ fragt Lukas.

„Die Feuerwehr anrufen“, sagt Basti. „Los, da vorne ist ein Telefonhäuschen!“

„Habt ihr Geld dabei?“ fragt Lukas im Laufen.

„Da braucht man kein Geld.“ Basti hat sofort das rot-weiß-rote SOS-Band am oberen Rand des Telefonhäuschens gesehen. Und er weiß,

was das Band bedeutet: In diesem Telefonhäuschen ist eine Notrufanlage. Hier kann man ohne Geld die Feuerwehr und die Polizei anrufen.

Im Häuschen liest er schnell, was er tun muß. Als sich jemand meldet, ruft Basti aufgeregt in den Hörer: „Es brennt! Es brennt!"

„Nun mal ganz langsam und ruhig", sagt der Mann am anderen Ende der Leitung. „Wie heißt du, wo bist du jetzt, und was ist passiert?"

Basti nennt seinen Namen, aber er weiß nicht, wie die Straße heißt, in der sie sind. Lukas rast zur nächsten Kreuzung und liest das Straßenschild. „Jägerstraße!" ruft er schon von weitem.

„Jägerstraße", sagt Basti ins Telefon. „Und nur

ein paar Häuser neben dem Telefonhäuschen kommt Rauch aus einem Fenster. Kein Feuer, nur Rauch. Aber es ist niemand zu Hause."

„Wir kommen", sagt der Mann.

Es dauert keine fünf Minuten, bis die Feuerwehr eintrifft. Und nach weiteren drei Minuten ist der Brand gelöscht. Basti, Anne und Lukas beobachten alles aus sicherer Entfernung. Ein Feuerwehrmann winkt die drei zu sich. „Seid ihr die Kinder, die den Brand gemeldet haben?"

Die drei nicken.

„Gut gemacht", lobt der Feuerwehrmann. „Weil ihr aufgepaßt und richtig gehandelt habt, ist es bei einem kleinen Brand geblieben. Ohne euch wäre vielleicht das ganze Haus abgebrannt."

Basti, Anne und Lukas sind ein wenig verlegen. Sie wissen nicht, was sie sagen sollen.

„Wichtig war vor allem, daß ihr uns schnell gerufen habt", sagt der Feuerwehrmann. „Dann können wir noch am besten helfen und am meisten retten. Deswegen gilt: Bei verdächtigem Rauch die Feuerwehr lieber einmal zuviel alarmieren als einmal zuwenig."

„Wird man denn nicht bestraft, wenn man die Feuerwehr ruft und es gar nicht brennt?" fragt Lukas vorsichtig.

„Nein“, antwortet der Feuerwehrmann. „Da kann ich dich beruhigen. Wegen eines falschen Alarms wird niemand bestraft. Man kann ja nicht immer genau prüfen, ob’s wirklich brennt. Und wenn man jedesmal warten würde, bis Flammen zu sehen sind, dann wäre es oft zu spät. Also, die Feuerwehr lieber zu früh als zu spät rufen, auch wenn es mal einen falschen Alarm gibt.“

Warum passieren so viele Unfälle?

Deborahs Mama fährt mit Deborah in die Musikschule.

„Fahr schneller!" drängelt Deborah. „Sonst komme ich zu spät."

Doch plötzlich nimmt Mama den Fuß vom Gas. „Was ist denn da vorne los?"

Jetzt sieht Deborah die Blaulichter auch. „Ein Unfall!" ruft sie. Mama fährt langsam weiter.

„Warum ist denn da die Feuerwehr?" fragt Deborah.

Mama hört die Frage nicht. Sie schaut, ob sie an der Unfallstelle vorbeikommt. Aber die Polizei hat die Straße abgesperrt.

Ein Polizist kommt zum Auto. „Fahren Sie bitte an die Seite", sagt er. „Die Feuerwehr muß zuerst den Mann aus seinem Wagen befreien. Dann können wir die Straße räumen."

Deborah wird es ganz komisch im Bauch. So nahe war sie noch nie bei einem Unfall. Sie findet alles sehr spannend und gleichzeitig ein wenig unheimlich. Sie sieht den Mann über dem Lenkrad hängen. Und sie sieht das Blut an seinem Kopf. „Ob er tot ist?“ fragt sie leise.

„Hoffentlich nicht“, antwortet Mama. Auch sie ist blaß um die Nase.

Zwei Feuerwehrmänner heben mit einem Rettungsspreizer das eingedrückte Dach hoch. Dann schneiden sie das Dach mit der großen

Rettungsschere auf. Jetzt können sie mit dem Spreizer die Tür öffnen und den Mann befreien. Er wird auf eine Trage gelegt und zum Notarztwagen gebracht.

„Warum schütten die Männer Pulver auf den Boden?“ fragt Deborah.

„Ich weiß nicht genau“, antwortet Mama. „Ich glaube, da läuft Benzin aus einem Wagen. Wahrscheinlich wollen sie mit dem Pulver das Benzin festhalten.“

Mama hat recht. Zwei Feuerwehrmänner

schütten ein Bindemittel auf die Benzinlache. Dann kehren sie das Bindemittel mit dem Benzin zusammen und schaufeln es in einen Eimer.

Ein anderer Feuerwehrmann hat inzwischen das restliche Benzin aus dem Tank in einen Benzinkanister gepumpt, damit nicht noch mehr ausläuft.

Ein neugieriger junger Mann steht dabei, steckt sich eine Zigarette in den Mund und will sie anzünden.

„Sind Sie verrückt!" ruft ein Feuerwehrmann und schlägt ihm das Feuerzeug aus der Hand. „Wollen Sie uns alle in die Luft jagen?! Verschwinden Sie hier! Aber schnell!"

„Der ist wirklich blöd", sagt Deborah. „Das weiß ja ich sogar schon, daß man hier kein Feuerzeug anzünden darf, weil das Benzin sonst brennt."

„Manche Leute denken einfach zu wenig nach und passen zu wenig auf", sagt Mama. „Deswegen passiert auch so viel."

Deborahs Blick fällt auf die Uhr im Auto. „Es ist ja schon fünf nach drei. Wann können wir denn endlich weiterfahren?"

Mama sieht im Rückspiegel den Abschleppwagen kommen. „Es dauert bestimmt nicht mehr lange."

Die beiden Unfallwagen werden abgeschleppt. Ein paar Feuerwehrmänner räumen noch die Glassplitter weg und kehren die Straße sauber. Dann gibt die Polizei die Straße wieder frei.

„Fahr schnell!“ sagt Deborah.

„Möchtest du, daß die Feuerwehr uns auch so aus dem Auto holen muß wie den Mann vorhin?“ fragt Mama.

„Nein! Aber wir sind sowieso schon zu spät dran“, sagt Deborah ungeduldig.

„Lieber zu spät, aber sicher ankommen als einen Unfall riskieren“, meint Mama. Und so fährt sie auch, obwohl Deborah meckert.

Warum holt man die Feuerwehr, wenn es gar nicht brennt?

Lisa besucht ihre Großmutter. Die hat eine gemütliche kleine Wohnung unter dem Dach eines großen Hauses. Lisa mag ihre Großmutter. Aber zur Zeit mag sie Großmutters neues Kätzchen noch lieber. Sie durfte sogar einen Namen aussuchen und hat es Munzi getauft.

Lisa sitzt mit Munzi am offenen Fenster. Munzi beobachtet eine Fliege, will sie fangen, macht einen Satz aufs Fensterbrett, rutscht aus und fällt hinaus.

„Munzi!“ ruft Lisa und springt auf. Aber es ist schon zu spät. Munzi kann sich nicht halten und rutscht langsam nach unten bis in die Dachrinne. Lisa ist erleichtert, daß Munzi nicht abgestürzt ist. Trotzdem kommen ihr jetzt die Tränen. „Oma!“ ruft sie. „Oma, komm schnell!“

„Was ist denn passiert?“ fragt die Großmutter.
„Munzi“, sagt Lisa nur und zeigt aus dem Fenster.
„Um Himmels willen!“ ruft die Großmutter.
„Was machen wir denn jetzt?“ Lisa schnieft. „Wir müssen ihr doch helfen.“
Großmutter überlegt nicht lange. „Da kann nur einer helfen: die Feuerwehr.“
„Die Feuerwehr?“ fragt Lisa erstaunt. „Es brennt doch nicht.“
Die Großmutter geht schnell zum Telefon und ruft die Feuerwehr. Es dauert nicht lange, bis das Feuerwehrauto mit der Drehleiter kommt. Die Leiter wird ausgefahren, bis sie zur Dachrinne hinaufreicht. Dann steigt ein Feuerwehrmann die Leiter hoch, greift vorsichtig nach der verängstigten Munzi und bringt sie sicher nach unten. Dort warten schon Lisa und ihre Großmutter und bedanken sich.
„Ich habe immer gedacht, die Feuerwehr kommt nur, wenn's brennt“, sagt Lisa.
Der Feuerwehrmann lacht. „Da hast du dich getäuscht. Die Feuerwehr kommt immer, wenn jemand in Not ist. Auch wenn's nicht brennt. Was meinst du, wieviel Tiere wir jedes Jahr retten oder befreien müssen? So wie dein Kätzchen.“
Lisa zieht die Schultern hoch.

21

„Mindestens fünfzig“, sagt der Feuerwehrmann. „Neulich mußten wir sogar einen Affen vom Zirkusdach holen.“

„Das war bestimmt lustig“, meint Lisa.

Der Feuerwehrmann schmunzelt. „Für den Affen vielleicht schon, aber für uns nicht. Der hat uns nämlich ganz schön zum Narren gehalten. Bis wir ihn mit Bananen in ein Fangnetz gelockt haben.“

Lisa denkt nach. „Warum holt man die Feuerwehr, um Tiere zu retten?“

„Weil wir am besten ausgerüstet sind“, antwortet der Feuerwehrmann. „Wir haben so viele Geräte und Maschinen, daß wir in den meisten Fällen helfen können. Wer außer der Feuerwehr hat zum Beispiel so eine lange Leiter, daß er dein Kätzchen aus der Dachrinne retten könnte?“

Wieder zieht Lisa die Schultern hoch.

„Niemand“, gibt der Feuerwehrmann die Antwort selbst. „Deswegen müssen wir doch kommen und helfen. Ob’s nun brennt oder nicht.“

Warum darf man die Feuerwehr nicht zum Spaß alarmieren?

Simon und Raphael sitzen auf einer Gartenmauer und langweilen sich.

„Was machen wir jetzt?“ fragt Raphael.

Simon zieht die Schultern hoch. „Weiß nicht.“

„Sollen wir zu mir gehen und etwas spielen?“ fragt Raphael.

Dazu hat Simon keine Lust. „Gehen wir lieber zu mir und schauen uns eine Videokassette an.“

Weil ihnen nichts Besseres einfällt, kommt Raphael mit.

Auf dem Weg bleibt Simon plötzlich stehen. „Ich habe eine bessere Idee“, sagt er. „Siehst du den Feuermelder?“

Raphael nickt. „Was ist damit?“

„Ich möchte mal sehen, ob die Feuerwehr wirklich so schnell ist, wie sie immer behauptet.“

„Du willst . . .“ Raphael stockt.

Simon grinst. „Die Feuerwehr ausrücken lassen, das ist endlich mal was Tolles!“

„Du spinnst“, sagt Raphael. „Das ist doch verboten.“

„Pah!“ macht Simon. „Verboten ist viel. Man darf sich nur nicht erwischen lassen.“

„Da mache ich nicht mit“, sagt Raphael.

„Weil du ein Feigling bist.“

„Ich bin kein Feigling“, wehrt sich Raphael.

„Dann komm mit!“ Simon geht voraus zu dem Feuermelder.

Raphael geht ein paar Schritte hinterher. Dann bleibt er stehen. Beim Feuermelder schaut sich Simon um. Niemand ist zu sehen. „Los, komm schon!“ ruft er Raphael zu.

Aber Raphael rührt sich nicht von der Stelle.

„Feigling“, sagt Simon verächtlich und bückt sich nach einem Stein. Mit dem Stein in der Hand steht er vor dem Feuermelder.

„Das läßt du aber schön bleiben!“ sagt plötzlich eine Stimme. Simon fährt herum und sieht einen Mann. „Du wolltest doch die Scheibe des Feuermelders einschlagen“, sagt der Mann. „Hab’ ich recht?“

„Ich . . . nein . . . ich . . .“, stottert Simon und läßt den Stein fallen.

„Du weißt doch bestimmt, daß das verboten ist“, sagt der Mann.

Simon nickt.

„Und weißt du auch, warum?“

Simon antwortet nicht.

„Dann will ich es dir sagen. Die Feuerwehrleute haben einen schweren Beruf. Sie müssen jederzeit bereit sein, irgendwo zu helfen. Dabei setzen sie manchmal sogar ihr Leben für andere aufs Spiel. Deswegen haben sie es nicht verdient, daß man sie zum Narren hält. Und was noch viel wichtiger ist“, redet der Mann weiter, „wenn du jetzt einfach so zum Spaß die Feuerwehr alarmierst, hinderst du sie vielleicht an einem wichtigen Einsatz. Es könnte ja sein, daß die Feuerwehr gerade in der Zeit gebraucht wird, wo sie hierher unterwegs ist. Damit du das wirklich begreifst, will ich dir noch etwas sagen: Letztes Jahr mußten in unserer Stadt drei Menschen lebendig verbrennen, weil zwei Betrunkene die Feuerwehr aus Jux alarmiert hatten. Die Zentrale mußte einen Nachbarlöschzug losschicken, und der hatte einen fünf Minuten längeren Anfahrtsweg. Diese Verzögerung kostete eine ganze Familie das Leben. Verstehst du jetzt, warum man die Feuerwehr nicht zum Spaß alarmieren darf?“

Simon nickt.

Warum soll Julia nicht zur Feuerwehr?

Julia spielt am liebsten mit ihren Feuerwehrautos. Davon hat sie eine ganze Menge: verschiedene Löschfahrzeuge, Rüstwagen, Wagen mit Drehleitern, Unfallrettungswagen, Kranwagen, Notarztwagen, Einsatzleiterwagen und sogar ein Amphibienfahrzeug, das auf dem Land und im Wasser eingesetzt werden kann.

Obwohl sie erst acht Jahre alt ist, weiß Julia schon ganz genau, was sie später einmal werden möchte: Feuerwehrfrau.

„Kannst du ja gar nicht“, sagt Nils.

„Wieso? Kann ich wohl“, widerspricht Julia energisch.

„Kannste nicht!“

„Und warum soll ich das nicht können?“ fragt Julia.

„Weil . . . weil . . . das können nur Männer“, stottert Nils.

Julia tippt sich an die Stirn.

„Frauen sind viel zu schwach dazu“, behauptet Nils. „Und sie haben auch viel zuviel Angst.“

Julia gibt Nils einen kräftigen Stoß. „Ich bin stärker als du. Und ich habe überhaupt keine Angst. Damit du es weißt!“

Nils schubst zurück und ruft: „Frauen dürfen gar nicht zur Feuerwehr! Das ist verboten!“

Wieder tippt sich Julia an die Stirn. „Du hast ja keine Ahnung!"

„Doch!"

„Ich habe in einem Buch gelesen, daß es auch Feuerwehrfrauen gibt", sagt Julia. „Die können das genausogut wie die Männer." Nils will etwas sagen, aber Julia läßt ihn gar nicht zu Wort kommen. „Es gibt sogar eine Jugendfeuerwehr. Da können Jungen und Mädchen mitmachen, bis sie alt genug für die richtige Feuerwehr sind. In der Jugendfeuerwehr üben sie das Löschen wie die großen Feuerwehrleute. Sie nehmen auch an Wettkämpfen mit anderen Jugendfeuerwehren teil. Und dabei lernen sie schon vieles, was sie später können müssen."

„Glaub' ich nicht", brummt Nils.

„Mir doch egal", sagt Julia. „Ich geh' jedenfalls zur Jugendfeuerwehr, wenn ich zwölf bin. Und wenn ich achtzehn bin, werde ich eine richtige Feuerwehrfrau. Ätsch!"

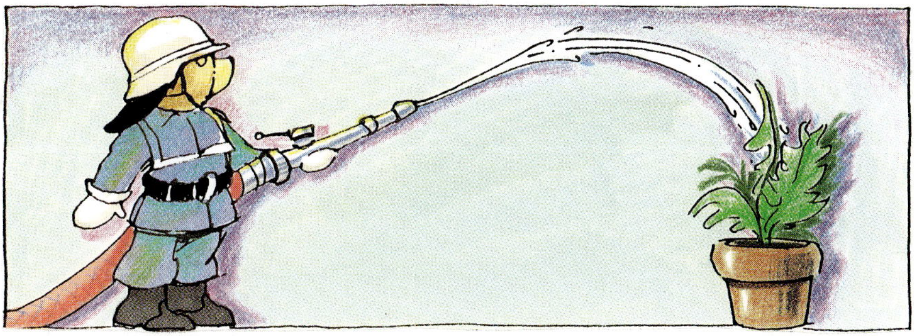

Was tut die Feuerwehr, wenn's nicht brennt?

Heute ist Tag der offenen Tür bei der Feuerwehr. Viele Leute kommen, um sich zu informieren. Auch Max und seine Eltern sind hier. Max hat schon viel gesehen und erfahren. Er weiß jetzt, wer zu einer Löschgruppe gehört: Gruppenführer, Maschinist, Melder, Angriffstrupp (Angriffstrupp-führer und Angriffstruppmann), Wassertrupp (Wassertruppführer und Wassertruppmann), Schlauchtrupp (Schlauchtruppführer und Schlauchtruppmann).

Zwei Gruppen bilden einen Löschzug. Jeder Löschzug hat normalerweise vier Fahrzeuge: den Einsatzleiterwagen, das Löschfahrzeug mit vielen Schläuchen und den wichtigsten Geräten für jeden Einsatz, den Drehleiterwagen und das Tanklöschfahrzeug, in dem sich ein

großer Tank mit Löschwasser für den Schnellangriff befindet.

Max hat auch gehört, daß alle Werkzeuge und Geräte in den Fahrzeugen immer an ihrem Platz sein müssen.

„Denn zum Suchen haben wir beim Einsatz

keine Zeit", erklärt ein Feuerwehrmann. „Und wenn wir bei Nacht alarmiert werden, müssen wir alles ja auch im Dunkeln finden."

Die Mutter tippt Max auf die Schulter. „Hast du gehört? Das ist anders als in deinem Zimmer."

„Gar nicht wahr", wehrt sich Max. „Mein

Zimmer ist für mich ordentlich genug. Ich finde alles, was ich brauche."

Die Mutter schmunzelt. „Aber nicht ganz so schnell wie die Feuerwehr, oder?"

„Ich bin ja auch nicht die Feuerwehr", brummt Max.

„Ein bißchen Ordnung kann auch zu Hause nicht schaden", meint der Feuerwehrmann.

Max sagt nichts mehr zu dem Thema. Er marschiert zu einem anderen Feuerwehrmann und stellt eine Frage, die ihn schon lange beschäftigt: „Was tut ihr denn, wenn's nicht brennt?"

„Das ist eine gute Frage." Der Feuerwehrmann lächelt. „Viele Leute glauben noch immer, daß wir die meiste Zeit nur auf der Wache herumsitzen und Karten spielen. Doch die täuschen sich gewaltig. Wenn wir nicht im Einsatz sind, müssen wir die Fahrzeuge und Geräte reparieren und pflegen. Nach manchen Einsätzen sind Fahrzeuge, Geräte und wir nämlich völlig verdreckt. Wenn dann alles sauber und in Ordnung ist, haben wir Unterricht, zum Beispiel in Erster Hilfe. Wir müssen auch lernen, wie man mit Sprechfunkgeräten umgeht, weil wir einander beim Einsatz nicht immer sehen. Dann können wir uns nur über Funk verständigen. Das kann lebenswichtig sein. Genauso wie der Umgang mit Atemschutzmaske und Preßluftatmer. Auch damit müssen wir üben." Der Feuerwehrmann holt eine Atemschutzmaske. „Willst du die mal aufsetzen?" fragt er Max.

Max zögert.

„Na los!" sagt sein Vater.

Max läßt sich die Atemschutzmaske aufsetzen. Im ersten Moment glaubt er, keine Luft zu bekommen, und reißt sie schnell wieder runter.

„Siehst du, genauso ging es mir beim ersten Mal“, sagt der Feuerwehrmann. „Erst langsam habe ich mich an die Maske gewöhnt. Und heute kann ich mit Maske und Preßluftatmer fast so gut arbeiten wie ohne. Aber bis es soweit war, mußte ich viele Stunden üben.“

„Ist das nicht langweilig gewesen?“ möchte Max wissen.

„Manchmal schon“, gibt der Feuerwehrmann zu. „Aber es muß sein. Denn nur wenn alles reibungslos klappt, können wir so schnell sein wie die Feuerwehr. Und dazu müssen wir jeden Handgriff immer wieder üben.“

„Den ganzen Tag nur putzen, lernen und üben“, sagt Max. „Das möchte ich nicht.“

„Den ganzen Tag machen wir das nicht“, sagt der Feuerwehrmann. „Wir haben auch noch Sport, damit wir fit bleiben.“ Er beugt sich zu Max hinunter. „Und manchmal haben wir auch Pause. Dann können wir uns ausruhen, lesen, fernsehen – oder auch Karten spielen. Aber meistens klingelt gerade dann die Alarmglocke.“

„Dürft ihr denn am Abend nach Hause?“ möchte Max jetzt noch wissen.

„Du bist ja ein ganz Neugieriger“, sagt der Feuerwehrmann und lacht. „Nein, wir dürfen am Abend nicht nach Hause. Wir müssen auf der

Wache bleiben und haben die ganze Nacht Bereitschaft."

„Dürft ihr gar nicht schlafen?"

„Doch, wenn kein Einsatz ist, dürfen wir schlafen", antwortet der Feuerwehrmann. „Aber nicht im Schlafanzug wie zu Hause. Wir dürfen nur Stiefel, Hose und Jacke ausziehen, damit wir möglichst schnell sind, wenn wir gebraucht werden." Der Feuerwehrmann guckt Max an. „Hast du noch eine Frage?"

Max schüttelt den Kopf.

„Du willst später bestimmt mal zur Feuerwehr", meint der Feuerwehrmann.

„Vielleicht", sagt Max. „Vielleicht werde ich auch Polizist."

Der Feuerwehrmann schmunzelt. „Na, du hast ja noch ein bißchen Zeit zum Überlegen."

Manfred Mai, 1949 in Winterlingen geboren, ist auf einem Bauernhof aufgewachsen. Als Kind machte er sich nichts aus Büchern und hatte mit Schule auch nicht allzuviel im Sinn. Nach dem Schulabschluß begann er eine Malerlehre und arbeitete in einer Fabrik. Aber so recht glücklich war er dabei nicht. Er wurde immer unzufriedener und ging auf die Suche nach Neuem. In dieser Zeit entdeckte er, daß Bücher etwas Tolles sind. Er las und lernte viel, wurde Lehrer und schließlich Schriftsteller. Heute lebt Manfred Mai mit seiner Frau und zwei Töchtern in seinem Geburtsort Winterlingen im schönen Schwabenländle.

Dagmar Geisler wurde 1958 in Siegen geboren. In Wiesbaden studierte sie das Zeichnen, und direkt nach dem Studium fing sie an, für verschiedene Verlage Bücher zu illustrieren. Sie hat einen Sohn und lebt mit ihrer Familie bei München.

Die anderen Warum-Geschichten von Manfred Mai

Beim Arzt und im Krankenhaus

Vom Schmusen und Liebhaben

Vom Streiten und Raufen

Wie es früher war

In der Schule

Im Verkehr

Ausländer bei uns

Im Zoo

Meine Zähne

Unsere Erde

WA